AF245104

DISCOURS

PRONONCÉ

SUR LA PLACE DE LA LIBERTÉ,

A BRUXELLES,

le dix-sept germinal, l'an troisième de la République
Française, une et indivisible,

PAR EMMANUEL PÉRÈS,

REPRÉSENTANT DU PEUPLE

près les Armées du Nord et de Sambre et Meuse.

En présence de la Troupe sous les armes, et des Autorités
civiles et militaires.

Au sujet de la proclamation de la Convention nationale,
sur les évènemens du 12 germinal.

———

CITOYENS,

Nous nous empressons de vous donner connais-
sance d'une proclamation de la convention nationale, faite pour exciter tout votre intérêt.

Vous savez sous quelle tyrannie gémissait la
France, à l'époque du 9 thermidor. Une mino-

rité insolente et factieuse, dirigée par un chef ambitieux et sanguinaire, osa concevoir le projet de réduire au silence la majorité de la représentation nationale, dont elle redoutait les vertus et les talens. Elle fit plus : elle osa l'exécuter ; et vingt-deux délégués du peuple furent judiciairement assassinés sur un échafaud. Le crime amène le crime, et bientôt il ne connaît plus de bornes. Soixante-treize représentans furent enlevés à leurs augustes fonctions, et le même sort leur était réservé.

Les hommes libres et courageux de divers départemens furent effrayés de ces attentats ; ils parlèrent de venger la majesté du peuple. Les tyrans, aussitôt, créèrent le monstre chimérique du fédéralisme, pour perdre ces républicains incommodes ; et dès ce moment, la mort promène sa terrible faulx sur toutes les têtes. Un crêpe funèbre fut étendu du couchant à l'orient, du nord au midi ; et la France ne présenta plus que l'horrible spectacle d'un vaste tombeau, où les animosités, les haines, le calcul de l'intérêt, toutes les passions déchaînées, entassaient par milliers leurs malheureuses victimes,

Cependant, Robespierre et ses principaux complices, mis, par la faction, à la tête du gouvernement, devinrent jaloux les uns des autres,
et aspirèrent à exercer un pouvoir exclusif. Ce
moment fut l'aurore du beau jour qui devait
bientôt éclairer la France, et faire cesser la pluie de
sang qui l'inondait depuis quinze mois. En atten-
dant, l'effet de cette division devait être un plus
grand développement de cruautés et de terreurs.
Car, au lieu d'un tyran, il en existait plusieurs,
dont chacun avait des vengeances à satisfaire.
Voilà donc la République déchirée dans tous ses
membres, presque méconnaissable sous les lam-
beaux sanglans dont elle était couverte, et près
de périr au milieu des poignards qui la frappaient,
et la frappaient encore !

Les zélateurs des divers décemvirs se déclarent
pour les uns ou pour les autres, suivant la con-
formité des principes respectifs ; les partis se for-
ment et s'échauffent ; les manœuvres deviennent
plus actives, les complots plus fréquens. Il
va s'engager une lutte terrible, non pour savoir
qui délivrera la France de ses tyrans, mais pour
décider à qui restera la tyrannie. Les jacobins,

cet exécrable repaire de brigands, ce foyer de toutes les conjurations, cet atelier de tous les crimes, restent fidèles à Robespierre, sans doute parcequ'il passait alors pour le plus féroce. La minorité de la Convention, qui ne voyait en lui qu'un ennemi formidable, depuis qu'il avait fait rouler quelques rochers de la montagne dans les abîmes du néant, embrasse la cause des rivaux de ce catilina moderne, et promet de renverser ce colosse, à la première occasion favorable. Il va la fournir lui-même..... Le 8 thermidor, croyant tous les esprits disposés à recevoir le joug, sous lequel il voulait courber la France, il attaque, avec vigueur, les membres du gouvernement, objet de sa jalousie, et laisse entrevoir que lui seul est capable de sauver le vaisseau de l'état. Le 9, comme il faisait une nouvelle tentative, le décret d'arrestation est demandé contre lui; et cette fois, la majorité, depuis si longtems enchaînée, reprend sa liberté, et vote, de fait et d'intention, avec les factieux, mais dans des vues bien opposées. Ceux-ci voulaient la continuation du système de terreur et de mort, c'est-à-dire, la tyrannie dans toute son atrocité.

(5)

La majorité soupirait après le règne des mœurs,
des lois et de la justice, et crut que le moment
était enfin arrivé de le rétablir. Mais elle avait à
combattre, et la minorité qui stipulait pour les
nouveaux dictateurs, et les jacobins qui, depuis
le supplice de leur chef, s'étaient déclarés pour
eux, plutôt que de rester sans conspirer. Le cours
de ce combat a été marqué par plusieurs victoires
remportées par les sincères amis du peuple, dont
la plus signalée a été de fermer l'antre des jacobins..... des jacobins qui, avec le levier d'une ré-
putation mensongère de patriotes par excellence ;
qui, avec des correspondances étendues, et des
affiliations adroitement distribuées, remuaient, à
leur gré, la République dans toutes ses parties ;
des jacobins, dont le nom seul effarouche la vertu,
intimide la probité, et fait trembler l'innocence.

La convention, toujours ferme dans son projet
de sauver la liberté, en l'établissant sur les bases
immuables de la justice, chasse du timon des
affaires, les scélérats qui voulaient s'y maintenir ;
et, cédant au cri du Français, qui s'élève de toutes
parts, de ce peuple bon, humain et sensible,
qui demande vengeance de ce qu'ils ont déshonoré

son caractère aux yeux des nations, elle décrète que leur conduite sera examinée, les met en état d'arrestation, et discute, après les avoir entendus, quelle est la mesure ultérieure qui doit être prise à leur égard. C'est dans ce moment que les factieux, que les voleurs publics, qui voudraient voler encore, que les buveurs de sang, qui ont encore soif, que les royalistes, qui grossissent cette horde impure, bien digne d'eux, tentent les derniers efforts pour dissoudre la convention ! . . . . Elle est investie ; les postes sont forcés ; le lieu de ses séances est encombré d'hommes à figures hydeuses, qui crient *qu'ils sont les gens du 31 mai!..* Ah, citoyens ! nos cœurs doivent frémir ici..! La convention nationale, l'amie de la justice, l'espoir des vrais républicains, existe-t-elle encore ?...... Oui, oui, elle existe triomphante ! et c'est elle-même qui va vous l'apprendre.

(Suit la proclamation.)

LA CONVENTION NATIONALE

AU PEUPLE FRANÇAIS,

sur les évènemens du 12 germinal.

Lorsque la Convention nationale déclare qu'elle a été opprimée, c'est annoncer au peuple français qu'elle ne l'est plus.

Oui, citoyens, le 12 germinal a failli éclairer le tombeau de la représentation nationale et de la République. Une poignée de factieux avait médité cet attentat. Ils organisaient, depuis quelques tems, la révolte et la guerre civile; ils traitaient, de *faction thermidorienne*, la majorité pure et courageuse de la Convention nationale, qui a renversé les échafauds et les bastilles de la terreur, pour lui substituer l'invincible puissance de la justice et de la sagesse. Des besoins trop réels fournissaient un prétexte à la malveillance; l'arrivage des subsistances, destinées pour l'approvisionnement de Paris, éprouvait de plus en plus des embarras et des obstacles, suscités par ceux même qui affectaient, avec un zèle hypocrite, d'accuser l'imprévoyance du gouvernement.

Leurs émissaires, distributeurs gagés de nouvelles alarmantes, interceptaient, par la terreur, les approvisionnemens qu'avait obtenus la confiance. Les misérables ! ils imputaient à la Convention nationale cette disette momentanée, tandis que c'étaient eux seuls qui évoquaient le spectre de la famine, précurseur sinistre de tous les fléaux qu'ils travaillaient à remettre en réquisition.

Depuis deux jours, des mouvemens s'annonçaient; l'or de la corruption circulait par-tout; et il n'était pas rare de rencontrer des individus, gorgés de vin et d'assignats, diriger léurs pas chancelans vers la Convention, et lui demander des subsistances. Enfin, après des agitations commandées et salariées à grands frais, le terrorisme et le royalisme coalisés ont levé tout-à-fait le masque. Des pervers avaient imprimé le mouvement; des citoyens égarés s'y joignirent. Tous, formant une masse tumultueuse, dont les orateurs s'annonçaient pour les hommes du 31 mai, ont forcé le poste de la Convention; inondé le lieu de ses séances; et, par des clameurs séditieuses, accompagnées de menaces et d'outrages, ont paralysé, pendant quatre heures, l'existence morale de la Convention nationale, en lui ôtant la faculté de délibérer, même sur leurs propres besoins.

Et dans cet instant, citoyens, où vingt-cinq millions d'hommes auraient vainement cherché, dans cette enceinte, les traces de leur représentation, les comités de gouvernement, chargés de surveiller l'exécution des lois, ont su remplir leurs devoirs, et donner aux bons citoyens de Paris un signal auquel leur patriotisme s'est empressé de répondre. La générale a battue dans toutes les sections, le tocsin a sonné; Paris s'est levé en masse : la représentation nationale, si scandaleusement opprimée, a relevé un front libre, et ses délibérations ont repris le caractère de calme, de sagesse et d'énergie qui convenait à des circonstances aussi graves : ainsi, nos ennemis voyaient, dans l'aurore de cette journée, et presque dans son midi, un nouveau 31 mai; les amis de la République ont vu, dans ses résultats, et dans son couchant, la journée du 9 thermidor.

Pouvait-on se méprendre sur le but des conspirateurs, lorsque, dans les rassemblemens, on entendait les mêmes hommes demander, par un étrange contraste, la royauté et la constitution républicaine de 1793, du pain et la disparition de la cocarde nationale; et tout-à-la-fois l'ouverture du temple et celle de l'antre des jacobins?

Pouvoit-on s'y méprendre, lorsque les conspirateurs, pour marcher à des attentats nouveaux, osaient commander à la Convention nationale, une loi pour remettre en liberté, sous le nom de patriotes opprimés, leurs anciens complices détenus depuis le 9 thermidor; il ne leur restait plus qu'à exhumer Robespierre, ou plutôt à reporter sur le trône de la tyrannie, qu'ils avaient exercée avec lui, les hommes dont la France entière réclamait le supplice ? Ces hommes, quoique accusés, semblaient, jusques dans leur défense même, opprimer encore la Convention, du haut de cette même tribune d'où naguère ils dictaient, par milliers, des arrêts de proscription : elle était devenu, pour eux comme un retranchement impénétrable, d'où ils insultaient à notre longue patience. Ils avaient appelé autour d'eux tout l'affreux cortège de leurs propres forfaits, et les crimes auxiliaires de leurs complices. La justice nationale en a purgé le sanctuaire des lois; elle les a vomis pour jamais du sein de la République.

Pouvait-on s'y méprendre enfin, lorsque la Convention retrouvait, dans les demandes des factieux, les mêmes propositions qui, depuis un certain tems, jetées comme un tison de discorde par quelques-uns de ses membres, au milieu de ses délibérations, ralliaient, autour de ces derniers, tous les ennemis de la République ?

De nouveaux attentats se méditaient et s'exécutaient presque sous les yeux de la Convention nationale. Les têtes de plusieurs représentans étaient publiquement demandées. Un membre de la Convention qui, au milieu des ténèbres de la nuit, s'était porté dans un rassemblement, pour y faire respecter la loi, avait été méconnu, outragé, frappé et détenu comme otage

par une troupe de furieux. Un autre avait éprouvé
le même sort, après avoir essuyé un coup de feu à
bout portant. Les barrières de Paris étaient fermées,
afin qu'aucun représentant ne pût échapper au massacre.

L'opinion publique signalait à la Convention les
principaux auteurs de ces manœuvres : elle a su, jusque
dans ses rangs même, les atteindre et les punir. Les coupables seront par-tout recherchés et punis; et la justice,
comme la flèche de *Guillaume Tell*, saura, en ne frap-
pant que les coupables, respecter les enfans de la patrie.

Plus d'une fois, citoyens, votre voix nous accusa de
ne pas déployer, contre les ennemis intérieurs, qui parais-
saient nous cerner de plus près, cette énergie nationale
qui a poussé nos conquêtes sur le territoire étranger;
nous répondons à ce reproche, en cessant de le mériter.
Les chefs de tant de complots sont arrêtés, et il ne reste
plus, à leurs obscurs complices, que le désespoir et l'im-
puissance.

Revivifiée par ces grandes mesures dignes du peuple qu'elle
représente, la Convention nationale va reprendre, avec
une nouvelle activité, le cours de ses travaux; commerce,
finances, instruction publique, traités de paix, lois organi-
ques de la constitution républicaine de 1793, subsistances,
tout va remplir désormais les discussions de l'assemblée.

La mesure des périls sera toujours celle de son courage : aujourd'hui, que sa marche est dégagée de toute entrave, elle ne parle plus d'abandonner son poste ; elle renouvelle le serment d'y rester, et elle dépose ce serment entre vos mains.

Cette journée, en affermissant la révolution, doit affermir le crédit national. Les assignats, vivifiés par la confiance, déplaceront sans effort ces subsistances enfouies par la terreur, et que les besoins appellent sur les marchés communs. Eh ! le crédit national pourrait-il chanceler, lorsque la victoire vient aussi lui prêter son appui ? C'est à vous, braves défenseurs de la patrie, de poursuivre votre brillante carrière ; et pour vous exciter à l'héroïsme, nous ne pouvons que vous rappeler vos propres exemples.

Peuple français ! la Convention nationale, forte de ton appui, saura remplir ses engagemens, terrasser toutes les factions, cicatriser toutes les plaies, consoler toutes les douleurs, maintenir la liberté et l'égalité, pourvoir à tous les besoins ; et elle ne doute pas que les départemens de la République, pour ôter enfin tout prétexte à la malveillance, sourds aux rumeurs mensongères qu'on va s'efforcer de répandre, ne réunissent avec empressement, dans cet instant de disette, leurs généreux efforts pour accorder, aux habitans de la grande commune où siège la représentation nationale, tous les secours de la fraternité. Peuple français! la Convention nationale saura encore assurer les fruits de toutes les victoires du dehors, et comprimer en même-tems, d'un bras infatigable et toujours levé, quiconque parlerait de redresser ou le trône des anciens tyrans de la France, ou les échafauds de la terreur !

Signé, Talliien, *président*; Bodin, C. A. A. Blad, I. M. Ravellière-Lépaux, Balmain, Laignelot, J. J. Serres, *secrétaire*.

Décret.

" La Convention nationale décrète que cette adresse sera imprimée, affichée et envoyée, par des couriers extraordinaires, dans les diverses parties de la République et aux armées. "

Citoyens, les hommes de sang ne sont plus. Je jure, par cet arbre sacré, par cet auguste emblème de la liberté française, que la République est sauvée ! Chantons, et que le canon répète après nous, le triomphe des principes sur l'arbitraire,

des lois sur l'anarchie, de l'humanité sur la terreur, de la vertu sur tous les crimes réunis.

*(Salves d'artillerie au milieu des cris répêtés
de VIVE LA RÉPUBLIQUE ! VIVE
LA CONVENTION ! A bas les hommes de
sang !)*

Signé PÉRÈS.

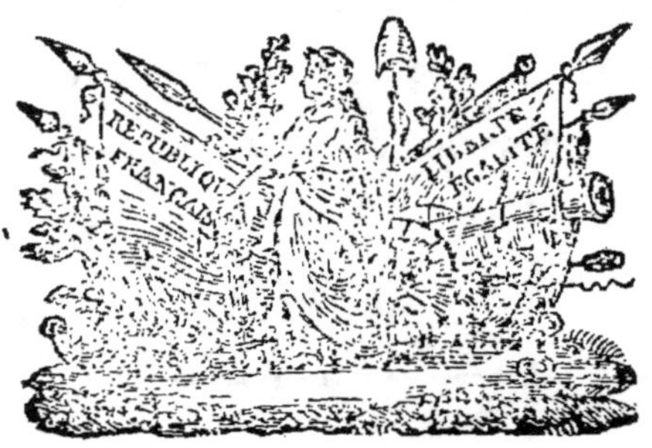

De l'imprimerie des Armées, place de la Liberté.

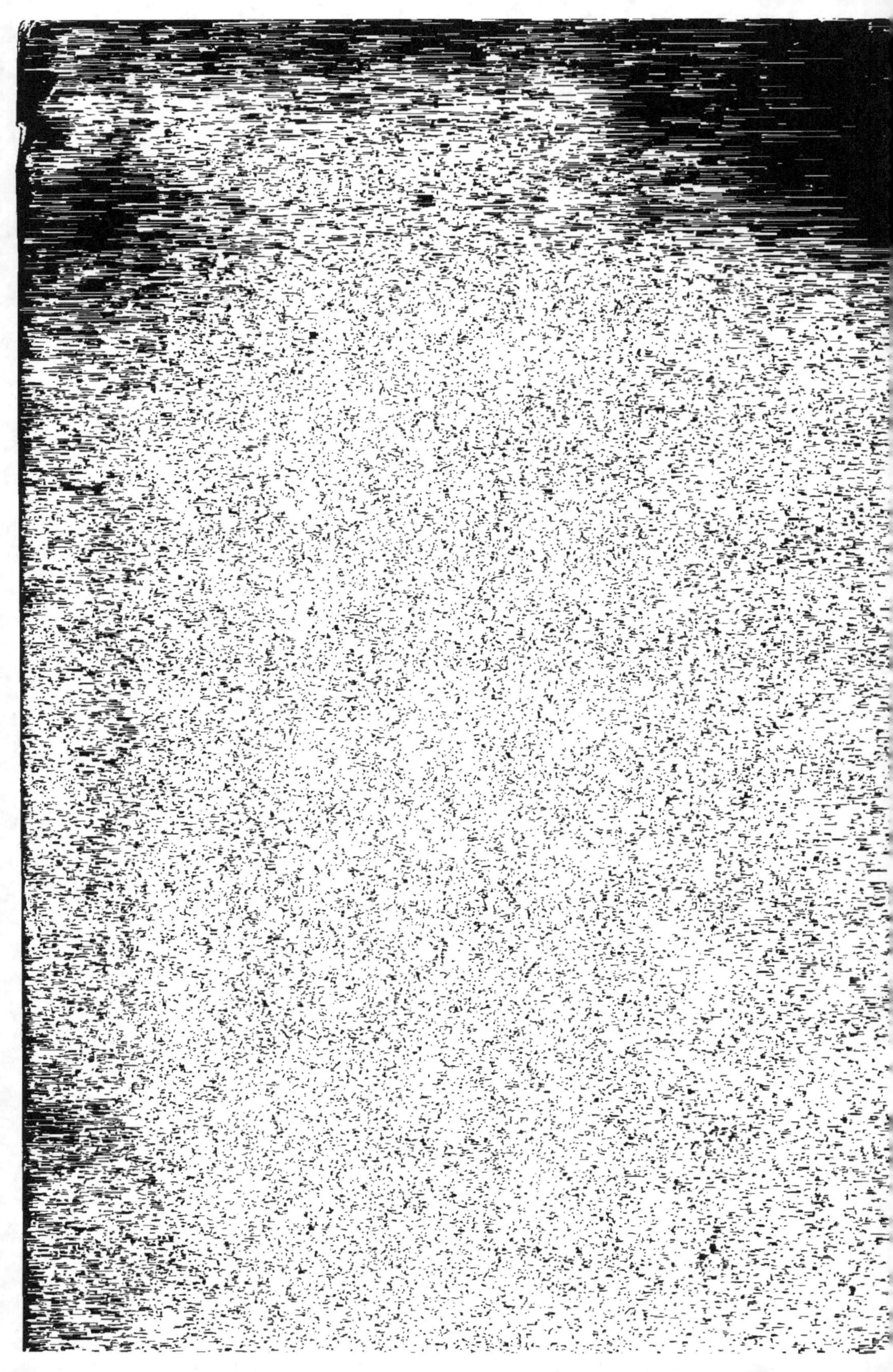

www.ingramcontent.com/pod-product-compliance
Lightning Source LLC
Chambersburg PA
CBHW061825060726
47597CB00008B/3356